JN437134

더 센 놈이 왔다

峻峰 윤만영 시집3
더 쎈 놈이 왔다

초판인쇄일 2018년 7월 25일
초판발행일 2018년 7월 30일

시 인 윤만영
펴낸이 이현주
펴낸곳 가나다출판사(제307-2006-6호, 2006.1.23)
주 소 경기도 이천시 부발읍 무촌로 151번길 20
E-mail here@nown.biz
전 화 0502-987-9870
팩 스 0505-116-1015

ISBN 978-89-92065-51-1 03810

| 저자와 협의해 인지를 생략합니다.
잘못 만들어진 책은 구입하신 서점에서 바꿔드립니다.

이 도서의 국립중앙도서관 출판예정도서목록(CIP)은 서지정보유통지원시스템 홈페이지(http://seoji.nl.go.kr)와 국가자료공동목록시스템(http: //www.nl.go.kr/kolisnet)에서 이용하실 수 있습니다.
(CIP제어번호 : CIP2018022210)

한국 현대시[韓國現代詩] 811.7-KDC6 | 895.715-DDC23

더 쎈 놈이 왔다

윤만영 시집3

가나다

| 시인의 말

달라진 게 없으니
할 말 또한 없다
시를 짓는다는 것은
끝없는 시작始作에 연속인걸

감은 익지 않았다
고로 떫다

노욕老慾에 눈이 멀고 귀가 먹어
진퇴양난의 기로에 서서 어쩌겠는가
되돌아 설 수 없는 낯선 길에서
또 한 번
두꺼운 낯반대기 내놓고 소리친다
나는 시를 좋아한다
그래서 시 쓰는 일을 멈출 수 없다고

조심스레

세 번째 발걸음을 옮긴다

떫은 감은 세월에 맡기고…

2018年 夏 醉碧軒에서

峻峰 尹萬寧

| 차례

2부 접시꽃 · 43

3부 내 이름은 알렉시오 · 75

1부

건망증

내버려 두리라

시를 짓고 있는 새벽녘
꿈 깨라 새벽닭 운다

뛰쳐나가고 싶다
부서져라 어둠 속으로 내 한 몸 던져
하얀 햇살이 된다면

빚다 버려둔 시 따위야
바위가 되든 흙이 되든
내버려 두리라

술한잔 마늘 한조각 먹고
잠들면 되는 것을

이력서

이름은 모래
주소는 물가 상습 침수지역
나이 모름

산이었다

바위였다가

돌이 되었다

그리고
세월이 날 낳으셨다

살 만합니다

산골짝 외딴집에
허리 굽은 할머니
꽃 많아 좋고 물 맑아 좋아서
살 만합니다

산짐승 산새도 매일 만나니
친구처럼 좋아서
적적함을 달래주고
살 만합니다

산나물 매일 먹어도 질리지 않고
약 안 먹어도 건강하니
살 만합니다

가끔은 손주들 와서 재롱 떠니 외로움도 가시고
영감도 뒷산에 있으니 든든하여
살 만합니다

어머니 흉내를 내고 있다

온갖 병病을 담는 상자가 되어가는 나이
파르르 떨면서도 젓꼭지를 놓지 못하는 몸부림은
비바람 눈보라 속에서도
끝나지 않은 이산가족의 한을 풀기 위함이다

눈물의 발원지가 어디인가
마를 나이 되었다 했는데
때로
핑 도는 눈시울에
동백꽃, 목련꽃이
호박꽃이 뚝뚝 떨어지는 날이면

그럴 때면 텃밭에서
어머니 흉내를 내고 있다
흰 적삼 검은 몸뻬바지 입으시고
머리에 수건 두르고 김매시는
어머니 곁에서
어머니 흉내를 내고 있다

낮 달

지나는 바람과
흐르는 구름과 강물
영원히 헤어나지 못할 것만 같았던 가난

풍랑에 뱃전을 놓을 수 없었던 손
태양과 사막 사이에서 감고싶었던 눈
지나고 보니 삶의 허물을 벗기 위한 산고産苦였다

어머니의 태반을 벗고 세상에 나와
크는 아이들 만큼 보낸 시간
흔적으로 남은 나이테

조금은 수척하고 기운 모습이지만
가던 길 멈추지 않고
뒤돌아보지 않네

형

황명걸黃明杰 형은
체구는 작지만
시계詩界는 우주와 같다

허나
시주詩酒 항아리 속에 들어가면
어린애같이 보조개가 피고
웃는 입술은
앵두보다 붉다

밥보다
반주 두어 잔이
가슴을 파고들면
그저 좋아서 웃는 형

열대야熱帶夜

하 더워
바람 쐬려 밖에 나서니
어둠으로 적막강산인데
밤하늘엔 별꽃이 만발하다

견우직녀도 칠월칠석이면
오작교에서 해후하건만
나 어이 칠십 년이 다 되도록
생사조차 알 길 없는 이산가족으로 사는가

하늘가에 걸린 초승달
야위고 허리 굽은 어머니 같아 저려오는 가슴
흐르는 눈물 감출 수 없어
주저앉아 울고 말았네

허물없는 사이라…

늙어지면
재채기 한번 잘못해도
허리뼈 부러진다더니

내가 그짝 나서
겨우내 고생 좀 했지요
갈 길이 얼마 남지 않았다는
신호일 테지요

이승 인연 무리 없이 청산하고 가볍게
훨훨 날아갈 수 있다면 좋으련만

한세상 살아오면서
나로 인해 언짢은 일이 있다면
허물없는 사이라 그랬거니 용서하시오
세월이 지나면 사그라져 잊혀지겠지오

깊은 곳엔 사랑이

사랑한다는 말 흔해빠진 요즘
나는 사랑한다는 말이 서툴다

허리가 휘어지도록 같이 산
마누라에게나 자식에게도
사랑한다는 말과 칭찬에 인색했다

본심은 그렇지 않은데
듬직한 남편 자상한 아버지가 되지 못했고
처자식 자랑은 팔불출 소리 듣는다는 말을 철석같이 믿고 살았다

이성을 첫 대면하던 날
손 한번 잡아보려다 거절당한 후론
손목쟁이가 호미가 되어버리고
꿀 훔쳐 먹다 들킨 아이처럼 난감한 처지가 되고 말았다

나들이 때도 나는 나대로 앞장서고
뒤따라오는 마누라와의 거리는
손잡기에는 너무 먼 거리다

그래도 속정이 있어 자식 낳고
손주들 자라는 것 보니
손잡고 다니는 것이나 진배없다

우리들의 할아버지 할머니처럼
겉정보다 수박 같은 속정이 좋지 않은가!

다섯 손가락

친구는 많을수록 좋지만
세월이 놔주지 않아
하나 둘 불려 나가고
추억 속에 그리움으로 남는다

묵은 장맛 같고
속 찬 대나무 같던 친구들

지금은 손가락 열 개는 고사하고
다섯 손가락 구부려본다

드문드문 만나지만
막걸리 한잔이면 어떻고
차 한잔이면 어떠랴

무슨 대죄를 지었기에

파리는 앉으면
두 손 모아 빈다

그러나
파리 목숨이다

건망증

본 듯도 하고
알 듯도 하고
기억이 아련하여 지나치고 나니

아차, 뒤돌아본들
선생님은 버스를 타고 떠나셨다

익은 벼 이삭처럼
고개 숙이고 살라시던 선생님!

아직도 설익은 풋것이
버스 떠난 빈 길에 대고
인사를 드렸다

세발자전거 타는 아이
손을 흔든다

늦은 후회

가지고 갈 수 없는 것들만 가득한 세상 속에서
누렸으면 족하련만
가질수록 모자라 속태우다
소중한 몸뚱이를 담보로 고주망태가 되고
넘지 말아야 하는 선을 넘어서고 만다

조금밖에
조금밖에 남지 않은 끝 길에서
풀 수 없는 짐을 지고

감쪽같이 속아 살았다고 한들
썩어가는 뿌리로 꽃을 피우기엔
너무 늦었다

친구 찾아가는 길

살면서 먹어본 것보다
못 먹어본 것이 더 많았고
본 것보다
못 본 것이 더 많은 시절에 살아서
예까지 오느라 지친 몸 달래려
집을 나선다

추수 끝난 들녘에 비가 오려나
눈이 내리려나
간절한 기다림 같은 정적 속에
철새들만 오가고

이런 때도 있었던가 한가함이
뒷짐 쥐고 돌담길 돌아
막걸리 한잔술 나눌 친구 찾아가는 길

오늘이란

오늘이란
여명이란 이름으로 왔다가

저녁이면
노을이란 이름을 남기고 떠나는
손님

우리는 그 손님과 함께
살아가고 있다

목구멍 울대가 삭아서
쉰 소리 될 때까지 살면서
노래를 부른다
나에게도 청춘이 있었다네

얼마나 아름다운 꽃이냐

꽃!

사춘기 청소년의 여드름
수줍어하지 마라
부끄러워하지도 마라
얼마나 아름다운 꽃이냐

어제는 과거로 남고
오늘을 값지고 소중히 여기며
달콤한 설독舌毒에 빠지지 않고
부끄럽지 않게 살았어도

그 때 그 시절이
한없이 그립구나
조명 없이도 화려한 무대
꿈과 희망의 나래를 펼치던
그때가 그립구나

그럴 수 있다면

이별을 막을 묘수가 있었다면
뒤에 숨어서 자라는
그리움은 없었을 텐데

메마른 바람이
사막의 톱니바퀴를 틀 때
범종의 울음이 몸 속을 파고드는 아픔

과거사로만 밀쳐둘 수 없는 추억들이
베어내고
베어내도 무성하게 자라는 잡초처럼

이별의 아픔을 잊을 묘약이 있다면
벌컥벌컥 들이켜고
다시 성을 쌓을 수 있다면

그럴 수 있다면…

기다림의 시작

허리 굽은 할멈은 말없이
때없이 낙엽을 쓸어 담고있다

언제나 그랬듯이
명절은 기다림으로 시작되어
밀물처럼 들어왔다가
썰물처럼 빠져나가고
침묵과 적막의 강물만 흐른다

삭정이 같은 손에 쥐어주는 하얀 봉투
수없는 사람들의 손때 묻은 차디찬 지폐에
매수당하고
아쉬움 달래며 손 흔들어 보냈지만

허전한 가슴에
기다림의 파도는 밀려오고…

늙으면 아이 된다 했던가

가을 옷은 이제 벗어야겠다
따뜻한 옷으로 갈아입을 때다

눈이 내리고 있다
시상詩想은 가라앉고
떠오르는 것은 허상虛想 뿐

어두워진 눈, 책 읽은들 남는 것 없고
어렴풋이 들리는 귀로 듣는 말
고깝게 들릴 때 있어
어린애 같아지는데

양지 쪽에 나 앉아 있어도
같이 놀 아이들 곁에 없어
강아지 머리 쓰다듬는다

내가 나를 이겼다

맞짱 뜨자
싫어

뜨자
노

붙자
둘 중 하나는 죽어야 끝나

꿇어
꿇었다

내가
나를 이겼다

어쩌다

너무 멀어서
기별 주고받지 못하던 시절
사람을 보내서라도 안부 주고받았거늘

천리만리 떨어져 살아도
얼굴 마주하고 대화하는 시대에 살면서
천륜을 끊은 까닭을 물은들
부질없는 것인가

떠나는 길에서도
피붙이 잘되기만 빌었을 것을
고독이라는 꼬리표를 떼지 못하고
강을 건너게 했는가

남의 일 같지 않아
먼산 바라보고 섰다

다 컸구나

집안 가득하던 아이들

손자도 있고

손녀도 있다

사랑한다

건강하고 바르게 자라줘서 고맙다

너희들 세계로 나아가는 큰문을 열어라

중 독

꾼의 눈동자는 빛난다
눈초리가 날카롭기까지 하다
한순간도 놓치지 않으려는 집념, 한치의 허점도 허
용치 않는다
붉고 푸르고 희고 노란 과녁을 노려본다
본능적인 배설행위 때도
눈동자는 그곳을 떠나지 않는다

꿈이 있다
꿈은 반드시 이루어지고
그놈은 틀림없이 나타날 것이며
시간 약속은 없었지만
기다리는 것이다
잠시도 한눈 팔 수 없다

파르르 떤다 두근거리는 가슴
방아쇠 당길 자세를 취한다
과녁이 사라지거나 하늘로 치솟으면
본능적으로 방아쇠를 당긴다
그놈을 잡느냐 허탕이냐 결정의 순간이다

결과가 좋으면 좋아서
허탕이면 재도전으로 꾼은
만반의 채비를 갖추고 떠난다
손맛에 중독된
낚시꾼

밤 눈

부풀리지 않고 있는 그대로
조금은 모자란 듯 서로를
좋아했던 친구들이 생각난다

코끝 시린 새벽녘
숨차게 달려온 길가에
제설차가 버리고 간 하얀 거품들

아침 햇살에 빛나는 설원에
이름 모를 짐승의 발자국이 산으로 갔다
먼 옛날 얘기처럼 산등성이를 넘어갔다

조금은 모자란 듯 시시덕거리며
눈사람 만들며 즐거웠던 친구들
그립다

2부

접시꽃

화롯가에 밤은 깊어가고

더듬더듬 세상 살다보니
어느새 옛것이 그리워지는 나이 되었다

늦가을 찬바람에 옷깃을 여밀 즈음
어둠이 찾아들고 등잔불에 얼굴 비칠 때
삼발이 얹어놓고 끓이던
투가리 토장土醬찌개 향기는
어머니의 정성어린 손맛이었다

굴비 대가리와 가시도
불돌 위에 얹어놓으면
비스킷보다 맛난 아삭아삭한 과자
반찬 투정은 사치였다

사랑방에서 자리 엮으시는 아버지
고드랫돌 넘기는 소리 달그닥 달그닥

안방에 둘러앉은 우리들
할머니의 옛날 얘기에 잠 달아나고
인두 꽂아놓고 바느질하시던 어머니 얼굴

약수터

인간이 내다 버린 양심
오염된 대기를 씻어내리는 빗물은
캄캄한 지하에서 흙으로 빨래를 한다

몸을 비틀어 암반을 뚫는 것은
더러운 인간의 때를 벗기고
여과하기 위해 겪어야 할 산고
자연으로 돌아갈 길을 닦는다

비로소
샘물이라는 이름으로 태어나
솟아오르는 물

인간들은
약수라 부른다

짚신 생각

고갯마루의 주막집이
도시로 이사 간 후부터
논두렁 밭고랑을 누비던 짚신은
민속박물관에 장식물이 된 지 오래고

바랑에 미투리 매달고 넘나들던
옛길도 간 데 없고
하늘길만 열렸구나

보이는 대로

산에는 나무가 산보다 높게 자라고
들에는 오곡백과가 풍성하다
하늘에는 별들이 살고
강물은 쉬지 않고 가는데

은유隱喩는 너무 먼 것 같아 못하고
비유譬喩는 왼새끼 꼬는 것 같아 싫고
남의 입 빌리지 않고
보이는 대로 말하니 편하다

학마을에
참새가 살기로니
수군댈 일 아니다

가을 II

거두지 않아도 이미
곳간은 채워지고
예고 없이 불쑥 찾아온 벗
반가워라

귀뚜라미 우는 밤
번개처럼 지나간 세월 이야기
창밖을 지나던 달이
오동잎에 앉아 있다

별들이 밤이슬에 잠들고
귀뚜라미 울음도 멎은 새벽

어디로 가는가 두루미
뚜루루 뚜루루 새벽길을 간다

나무가 되어

겨울밤 울어대는 문풍지는
봄이 그리워서가 아니다

한 그루 나무가 되어
꽃을 피우기 위한 인고의 세월

언제부터 빚어지고 쌓인 인연인가
강물이 산모퉁이 돌아갈 때

나 이곳에 서서
들물처럼 밀려오는 그리움

날개 없어 날지 못하고
손짓만 하고 섰네

소나기를 피하려면

삼복더위에 소나기 몰려온다
번개가 하늘을 찢어놓고
지축을 흔들면
퍼붓는 강물
몰아치는 광풍

추녀 밑에 제비처럼 줄을 서서
비 그치기만 기다리던 겁에 질린 어린 시절

가로수가 춤을 춘다
바람 때문만은 아니다
목숨을 부지하기 위해선
그럴 수밖에 없다는 것을

자연에 순응하는 법을 배우고 있다

걱정 없다

기력이 달려 우격다짐할 힘도 없으려니와
계집애 손바닥 보다 작고 고운 손으로
공사판 데모도 노릇도 못하지만

잘하는 게 있지
술이라면 비싼 술 싼 술 가리지 않고
마시는 애주가

또 있지
예쁜 여자 보면 넉 놓고 바라보는 눈

문밖에 나서면
나물 아닌 풀 없고
보약 아닌 것 없거늘
무슨 근심 걱정 있겠는가

산골에 사는 재미 이만하면
족하지 않은가

정상이다

당뇨에 약이 된다고 해서 몇 년 전
씨감자 한 됫박 사다 뒤껼 산비탈에 심었다
심은 대로 싹이 트고 잘 자랐다
삶아서도 먹고, 채 썰어 말려 두고
차도 끓여 먹으리라 기대가 컸다

땅이 얼기 전에 캐야지
호미 들고 감자밭으로 오르니
알토란같은 돼지감자는 간 데 없고
파헤쳐 놓은 빈 밭이 난장판이다
어이없어도 미련 남아 호미질 하니
콩알 만한 이삭들만 놀라 튀어나온다

어쩌랴
돼지감자 돼지가 먹었으니 할 말 없다
그 후로 감자 농사는 돼지에게 내주었고
검진 결과
내 당 수치는 정상이란다

접시꽃

모시적삼 초록치마 우아하게 차려입고
돌담 앞에 섰다

자식복 많아 낳고 키웠건만
별빛보다 불빛 좋다 떠난 손들
오늘은 오려나 기다리는 접시꽃

하던 일 힘에 겨워 가쁜 숨 몰아쉬며
넋 놓고 먼산 보고 섰거든
강가에 앉아 눈가에 이슬 맺히거든

불러주오
불러주오

사랑은 가슴에 묻어놓고
채찍만 들었는가
접시꽃 되어 홀로 서서
밤마다 뚝뚝 떨구는 꽃잎

무엇을 더 바라는가

눈을 떴다.

아!
아침이다.

햇살이 눈부시다!

나는 모래알

나는 모래알

모든 것은

내 주위에 있다

우주까지도

더 센 놈이 왔다

나는
그놈을 보지 못했다
밤에만 왔다 가는 것으로 봐서
산짐승은 분명한데
반드시 증표를 남기고 간다
영역 표시를 하고 가는 것이다

나는
봄부터 서리가 내리기까지
잡초와의 전쟁을 치른다
오직 잔디만을 위해서다

그 잔디 위에
하마 엉덩짝 크기만큼 잔디가 죽어간다
그놈은 꼭 그 자리에만
영역 표시를 하는 것이다

그래
어디 한번 해보자!
나도 그 자리에 대고
세게 내갈겼다

그러나
허사였다

그 냄새는 어디에서나 나는
늘 맡고 사는 흔한 것이라는 것을
그놈은 알고 있다

궁리 끝에 내 것 더하기 양조식초를 섞어
영역 표시를 했다

아!
내 것이 더 셌다

잔디가 다시 살아나고 있었다

벌초伐草

좋다!
정말 좋다

가을 하늘이 높아서도 아니요
물이 맑아서도 아니다

효손의 손길이 닿았구나
사무친 그리움의 손길로 다듬었구나

우리 울 뜨락에
햇살이 빛난다

모서리 없는 유선형의 곡선이
금빛으로 빛난다

복덩이

화려하지는 않아도 청순하고
크고 강해 보여도 순박하다

추위에 약하지만 봄 여름 가을까지
부지런함을 타고나서
새벽부터 꽃 문을 연다

복덩이여서
남녀노소 가리지 않고
가난한 사람이나 부자들로부터
사랑받는 꽃

호박

오리는 물 위에서 자지 않는다

고향과 타향살이가 같지 않을 터
아무 연고 없는 타향에서도
철마다 피고 지는 꽃들은
나팔 닮은 꽃이나
가시 돋친 꽃일지라도
아름답고 향기로운 것인데

연고 없는 타향에선
고향에도 피어있을 꽃을
그리워하게 된다

강산江山은 고향이다
항상 그 자리에 있으나
오르고 들여다볼 때마다
어제와 같지 않아서 낯설고
옛물은 가고
새물만 가득 담아 흐른다

나는 파뿌리 키우며 살지만
오리는 물 위에서 자지 않는다

바람이었다

사연 따위야 옛날 이야기여서
달이 밝거나 기울었다거나
눈 비 오거나 바람이 불어도
나와는 상관없는 일이라 여겼거늘

묻어도
묻어도 새순이 돋아나는 것은 추억
그리움이 웬 변고인가

제비꽃이 그러하고
민들레가 끈질기게 꽃을 피워대니
작심하고 길을 떠나보지만

수평선 끝에서 밀려오는 파도는
밤낮으로
내 가슴을 부수고 뒤집는 거품

갈매기만 끼룩끼룩
바람을 탄다

항구의 아침

낙조의 불빛이 사그라지는 시간
어둠을 풀어놓은 수평선 끝에
연단連斷의 불빛이 한점 또 한점
만선의 꿈으로 떠오르는 별빛
달이 길을 안내하며
오늘을 마감하고 있다

회전등대의 불빛이
초점을 잃어가는 시각
백두대간의 뿌리로부터 솟구치는 힘!
밤새 검은 파도소리로 울던 바다를 뚫고
찬란한 빛으로 오는 아침
오늘이 탄생한다

귀항하는 만선의 깃발 하늘에 꽂고
힘찬 고동소리 파시波市의 문을 연다

야생화 맞아?

전원생활 하려고 도시 떠나왔다
산과 들을 돌아다니며 야생화 캐다
정원에 심어놓고 좋아하는 짝꿍

뒷짐 지고 들여다보던 짝꿍
그 꽃 이름이 뭐요?
야생화도 몰라요?

돌아서는 짝꿍
그 자리에 두고 보면 좋으련만…

겨울꽃은 뜨겁다

겨울은 투명하다

순결하며 결백하다

수정 속의 심장은 뛴다

봄을 사랑하는 만큼

겨울꽃은 뜨겁다

소 원

다람쥐 쳇바퀴 천리를 달려도
도토리 한 톨 없는 황량한
빈산空山 빈 들녘이거늘

반려자는 나를 철창에 가두고
적선하는 양식 눈물 나게 고마워
두 손으로 받아먹는다고 귀엽다지만

나의 소원은
맑은 물 흐르고 바람 부는
숲속에 사는 것이란 걸……

개발지구 III

원래는 참새 마을이었다네
골목에서 참새들이 재잘대는 소리
어두워서야 집으로 들어갔다네

몽당연필을 조막손에 쥐고
코 훌쩍이며 공부하는 아이들이 사는
동네였다네

번개 치고 산이 무너지고
하늘 찢어지는 소리 나면
이불 속으로 기어들던 아이들이
살고 있었다네

붉은 저녁노을 지고 어둠이 깃들면
빛나는 별을 덮고 잠자리에 들어
꿈을 꾸던
아이들의 동네였다네

내 짝꿍

월악산 미륵사지
아랫동네
남한강 수몰지구가 고향인 짝꿍
무슨 힘으로 옮겨왔는지
불가사의다

금혼金婚의 세월
산바람 바닷바람
강바람 맞아가며
깎이고 깎여도 아직 날진 모서리 남아있어

망팔望八 망구望九의 나이에
짝꿍하다가도
따로따로
멀어지는 나그네로 보일 때도 있다네

3부

내 이름은 알렉시오

낡은 시계

내 시계는 고물 시계다
밥을 제때 주지 않으면 잠만 잔다

옛날에는 삐까번쩍하고
소매를 걷어 올리고 다녀도 멋이 있었다

시간은 틀려도 버릴 수가 없다
밥만 주면 움직이니까
나처럼 느리게

세월 열차

한세상 살면서
욕심 없이 사는 사람 몇이나 될까마는
희로애락의 세월 열차는
내려야 할 정거장은 물론이요
내리실 때 잊으신 물건 없이
잘 챙기시라는 친절한 안내 방송도 없다

태평스럽게 즐기다가
남사스럽지 않을 만큼
몸뚱이 하나 가릴 옷 한 벌이면 족히 여기고
바람처럼 내려야 하는 것을

아무 짝에도 쓸모없는 승객들의 몫을
내 것인 양, 양 어깨에 짊어지고 다녔으니
얼마나 어리석었는가

지구 여행

우리들은 지구라는 별에서 여행 중이다
바닷가에 서면 수평선 끝자락
산에 오르거나 밤이면 하늘을 쳐다보며
또 다른 나의 세상이 있을 것만 같아
그리움과 향수에 젖어드는 것은
가야 할 내 길을 찾고 있는 것이다

위대한 어머니가 보내주신 여행길에서
인간이라는 동물의 탈을 쓰고 관광 중이다

번갈아 바뀌는 밤과 낮
언제나 초행 길에서
동물의 야생 본능으로 황홀한 늪에 빠져들면서
번데기 춤을추다가
가로막힌 어둠 속에서 거울을 본다

낡아빠진 탈과 해진 입성이
돌아가야 할 시간을 알린다
지구라는 별에서의 여행은 끝나갑니다

즐거운 여행이셨습니까?

내 이름은 알렉시오

성당에 주일 미사 다녀왔다
긴 세월 냉담하다 고해성사 보고
다시 시작한 믿음의 길

믿음에 대해 아무것도 아는 게 없다
분명한 것은
그분은
집 나간 자식이 돌아올 것을 믿고
끝까지 기다리고 계신다는 것 뿐이다

벽송壁松

암간수岩間水에 발을 담그고
절벽에 서서

우리들의 할머니 손마디와 무릎관절
굽은 허리 닮아가며
마디게 마디게 자랐으나
쉽게 범접할 수 없는 풍채風采는

갖은 풍상風霜 다 견디며
강과 바람을 벗삼아
은하수에 달 띄워 놓고
읊조리는 시詩 한 수가
산의 높고 낮음 따라
강물을 춤추게 하지 않는가

농주 한 사발 축배를 든다

계절의 문은 내 맘대로 여닫는 쪽문이 아니다
겨울이 주고 간 봄은
봄의 길이 만큼만 머물다 간다

농부는 흙이 되어
쇠심줄로 봄을 뒤집고
아지랑이가 피어오르는 속살에
빛을 뿌리고
씨앗을 묻는다

가을걷이가 갈무리 되면
윤활유 마른 삭신이 삭는 소리
관절에선 녹물이 흘러내린다

그러나
다시 올 봄을 맞기 위해
농주 한사발 축배를 든다

기러기 아빠

붉은 노을이 서산을 검게 태우고
철새들의 군무가 장엄한 하모니를 연출할 때
일몰이 주는 하루의 축복을 받으며
조용히 한 잔 술 기울이다
빈 젓가락 나란히 놓고 나선다

혼자서도 익숙한 길 끝의 안식처
문턱을 넘어서면 마주하는 외로움
어둠의 한 자락을 깔고
저린 뼈를 눕힌다

소망의 기도를 올리다
가물가물 잠이 들고…

풍경화

어젯밤 사이 누가 다녀갔나
겨우내 문 닫아걸고
분단장이더니
아침에 문밖에서 배웅하고 선 꽃
이슬을 머금었다

하늘에 비행기는 날개짓 없이
굉음을 토하며 날아가고
주머니 털어 물감 사지 않아도
사계四界를 그려내고 있는 창밖에
풍경화는 걸려있다

청춘과 황혼의 시공時空 사이에서
저렇게 황홀한 풍경화를 남길 수 있다면

살아봐야

아흔아홉 살 노인이
백 살 노인에게 물었다

"백 살 살아보니 어떠하신지요?"

"내 아무리 설명한들 알아듣겠는가
살아보면 알걸세"

나무를 심는 것은

오늘
과실나무를 심는 것은
누구를 위함이 아니다

아직 나에게
흙을 파고 나무를 심을 만큼의
힘이 남아 있음이요

또
내일이 온다는
믿음이 있기 때문이다

기도 III

전에 없이 새로워보이는 건
나이 탓도 있지만
나만이 느끼는 남은 시간 때문인가

백자빛으로 하늘이 열리고
싱그러운 푸르름이 다가오는
다시 없는 오늘을 맞이하면서

지난날의 허물을 부끄러워하며
모아지는 손
용서의 기도를 올린다

뜨겁지 않은 노을 눈에 담으며
나 여기 서서
내일이라는 이름의
뜨거운 태양을 볼 수 있기를…

수도 중修道中

법당을 비워두고
고요만 남겼구나
새들도 숲속에 들고
정적을 깨우는 건 풍경소리뿐

선방禪房에 든 스님은
육신과 벗어놓은 신발 한 켤레 두고
해인사로 가셨다

산을 주고 바다도 주고
하늘까지 준다 해도
손 내밀지 않는 비움으로

부처님의 가르침을
받으러 가셨다

흐를 수밖에 없는 강물

생각나서 한잔하고
잊지 못해 두 잔 하고
잊으려고 석 잔 마시다…

세월에 녹아내리는 빗물
흐를 수밖에 없는 강물은

물비늘 반짝이다가도
파도 같은 사연을 삭히며
흐를 수밖에 없다는 것을

아주 오랜 옛날에도 그랬듯이

바지의 일생

바람벽 못에 걸어놓은 바지가
뒤꼍에 말리는 시래기 같다

앞뒤에 칼날 주름 잡고야 나들이하던
그 등등하던 기세는 어디 가고
세월에 삭아 힘줄 놓고 매달렸구나

하늘 날겠다고 힘차게 뛰어오르던
꿈은 어디 가고
너도 주인 닮아 그러하구나

왜 그랬을까

까마귀는 소나무 위에서 울고
까치는 전봇대 위에서 울었다
나는 바보처럼 서서 바라보고만 있었다
그들이 멀리 날아간 뒤에도

온갖 잡새들은 소리 없이
포로록 포로록 지나가기만 했다
내가 서있다는 것 아랑곳없이
숲속으로 갔다

세월에도 색깔이 있듯이
누가 무엇을 어찌했는가…

꼰대의 복습

걸음마도 못하는 애기였을 때
할머니 할아버지 가슴속에서
자연을 벗 삼고 시작한 공부

꽃, 예쁘지
멍멍이, 꿀꿀이, 야옹이
음매, 꼬꼬댁…

말을 하면서부터 만물엔
따로따로 이름이 있다는 것을 알았지만
계속되는 낯선 길을 가며
수없는 횡단보도를 건너오면서
늙은 꼰대가 되었다

손주들 가슴에 안고
잊었던 이름들을 복습하고 있다

우체통 뒤지기

우리 집은 이십 계단 위에 있다

비가 오나 눈이 오나
계단 오르내리기 두 번은 한다

헛걸음이 대부분이지만
멈출 수 없는 것은 운 좋게
반가운 소식이 섞여 있기 때문이다

소나기 뒤에 오는 무지개처럼
그렇게 살고픈 욕심이 남아 있음이다

입만 청춘이어라

휴식 없는 것이 바람뿐이랴
세월 또한 그러하거늘…

보리 익기를 고대하며 허기진 발걸음
몇 고개를 넘었던가
익은 봄 오월도 서른한 밤이면 유월이 오고…

배부른 가을바람에 젖꼭지 놓은 낙엽은
겨울잠 자고 기지개 켤 사이도 없이
봄비에 육신을 적시며 고향으로 간다

뛰지 못할 나이에 어쩌자고
시인의 길을 가다 진퇴양난에 빠진 지금
근력 쇠하여 나서지 못하고
입만 청춘이어라

별똥별 빗금을 친다

쌍 전봇대 같았던 다리가
지겟다리 되기까지
그리 오랜 세월 흐른 것 같지 않은데
어느새 지팡이 없이는
먼길 떠날 생각조차 못한다

불빛에 그을린 잎새는 지고
온기 없는 찬바람만
가슴을 파고든다

창가에 귀뚜라미는 밤마다
사랑의 연가를 바치는데
하늘만 쳐다보는 내 마음

머언 하늘 끝에서
별똥별
빗금을 친다

제2의 고향 III

안봉산* 아랫자락 기르마재에서
낯익은 사람들과 살 때는
방치돌
방치
방치질
망
뱦르새
뿌두두하다
감주라 불렀던 이름들

---

* 황해도 벽성에 있는 지명(山)

용문산 서녘 설매재 아래 용천리 솔마을
낯선 사람 많은 곳에 살면서는
다듬잇돌
다듬잇방망이
다듬이질
맷돌
보리수
뙯다
식혜라 부르며 산다

비문碑文

비문이 필요치 않으나
편히 쉬라 새긴들
한곳에 머물겠느냐

실향민의 한이 넋이 되어서야
고향에 가 있을 터

가끔은 너희들 보고파
껴안고 볼 비빈들 스치는 바람일 테고

산으로 강으로 바다로
바람이었다가 구름이었다가
별이 되어 살리라

너무 늦었다

칠십 년 세월에
산천은 의구한가?
고향인들 옛날과 같지 않을 터
길 물어봐도
낯선 사람들 뿐이면

아름아름 찾은들
어머니 돌아가시고
선바위*에 계시다는 유택 앞에 엎드려
불효를 용서하시라고 빈들
너무나 많은 세월 흘러
떠나고 안 계신 듯 대답이 없다

게나예나 몸붙일 곳 못되면
어쩌나
어찌하나

---

* 지명

혀끝

눈으로 못 보는 소리가
허공을 오가는 시대에
인내의 한계를 드러내고
묻어온 역겨움이 푸른 얼굴로 보일 때

잣尺대가 다르고
모양이 다르고
생각도 다른 얼굴들이라도
고리를 만들어야 할 때인데

가시 돋친 말 한마디가
알바트로스의 날개를 꺾어
아물지 않는 상처로 남아있다

세월이 약이라 하지만
얼마나 흘러야 아물까!

| 평론

원목原木의 시를 대하며

구중서 / 문학평론가

윤만영 시인의 시들을 처음으로 대하고 전에 들은 한 일화가 생각났다.

나름으로 진지한 의욕을 지닌 한 청년이 산사를 찾았을 때 고승이 들려주는 말이다. "인품이 재목이긴 한데 아직 껍질이 안 벗겨지고 송진이 덜 빠졌다."는 것이다. 시로 말하자면 세련이 부족하다는 뜻이 될 수 있다. 그러나 다른 한편으로 생각하면 시가 제작의 공정 자체인 것도 아니지 않겠는가.

이 시인은 또 이미 젊은 나이도 지났고, 그렇기에 더욱 시골 고향과 지난 시절의 전설 같은 삶들을 그리워하고 있다. 오늘날 도시문화 속의 시들은 또한 어떠한가. 언어의 세련이라는 자홀自惚 속에서 감수성과 감각들이 말초화하고 있다. 근대 분석철학의 경향까지 가세해 인간성이 파편화하고 분별력을 잃는 난해성의 결과로 허무주의에 떨어지는 경향이 있다.

윤만영 시인의 시가 지니는 소박한 면모는 퇴영적 허무가 아니고 절박한 삶 자체이다. 또 자연 속 생명의 풍요와 건강을 지니고 있다. 더욱이 윤만영 시인은 인간의 한계가 다시 영원에 진입할 수도 있다는 희망에까지 이르고 있다.

이만한 마음 쓰기의 편력에서 우선 그가 시를 쓴다는 것은 어떤 것인가.

시를 짓고 있는 새벽녘
꿈 깨라 새벽닭 운다

(「내버려 두리라」에서)

그의 시혼詩魂의 초두初頭 같기도 한 이 표현에는 소탈과 겸허를 담은 직관이 있다. 이백이 「월하독작」에서 말했다. 혼자 앉아 술을 마시는데 하늘에 달이 떠오르니 나와 달과 달에 비친 내 그림자와 셋이 마시는구나. 취하여 얻는 즐거움을 노래하는 것이지만 외로움이 담겨 있다.

그러나 윤만영의 시 「내버려 두어라」의 마무리는 다음과 같다.

> 빚다 버려둔 시 따위야
> 바위가 되든 흙이 되든
> 내버려 두리라
>
> 술한잔 마늘 한조각 먹고
> 잠들면 되는 것을

취기를 즐기는 데서 더 나아가 편하게 잠들어 쉬는 데까지 이르고 있다. 쉬는데 동굴 속 웅녀가 사람이 되기를 빌면서 쑥과 '마늘'을 먹었다는 옛 신화에 관계는 없지만 연상을 시키며 또 '바위가 되든 흙이 되든' 하며 자연의 차원에 자신을 던져서 쉬는 것이다.

자신을 이 본질적 질료質料에 연관지우는 발상은 시 「이력서」에서도 나온다.

이름은 모래
주소는 물가 상습 침수지역
나이 모름

산이었다

바위였다가

돌이 되었다

그리고
세월이 날 낳으셨다

(「이력서」 전문)

이것이 시인의 이력서다. 시인 자신이 자연이 되어 있다. 그러면서 이웃에 사는 사람도 자연에 연결되어 잘 산다고 한다.

허리 굽은 할머니는 꽃이 많아 좋고 물이 맑아서 살 만하다. 짐승과 산새도 매일 만나니 친구처럼 적적함을 달래 준다. 죽은 영감도 뒷산에 있으니 든든하여 살 만하다고 한다.(「살 만 합니다」에서)

이승의 풍요한 일상, 삶은 전설 가락처럼 더 흘러넘치고 있다.

사랑방에서 자리 엮으시는 아버지
고드랫돌 넘기는 소리 달그닥 달그닥

안방에 둘러앉은 우리들
할머니의 옛날 얘기에 잠 달아나고
인두 꽂아놓고 바느질하시던 어머니 얼굴

(「화롯가에 밤은 깊어가고」에서)

이것은 시인의 옛날 집에 대한 추억이다. 그러나 이것은 부질없는 한낱 감상이 아니고 오늘에 이어져 생동하는 내용이다. '삼발이 얹어 놓고 끓이던 된장찌개 향기/ 굴비대가리와 가시도 불돌 위에 얹어 놓으면 맛난 아삭아삭한 과자'도 있다. 이것은 가난이 아닌 풍요이다. 정지용의 잘 다듬어진 언어의 시 「향수」에서보다 더 절실한 삶의 주체성이 이 시에 있다.

그리고 이 삶은 마시고 먹고 향내 맡는 소모만이 아니

다. 인간의 삶과 더불어 있는 자연의 생명 재생 작업도 지나쳐 보지 않는다.

인간이 내다 버린 양심
오염된 대기를 씻어내리는 빗물은
캄캄한 지하에서 흙으로 빨래를 한다

몸을 비틀어 암반을 뚫는 것은
더러운 인간의 때를 벗기고
여과하기 위해 겪어야 할 산고産苦
자연으로 돌아갈 길을 닦는다
비로소
샘물이라는 이름으로 태어나
솟아오르는 물

인간들은
약수라 부른다

(「약수터」 전문)

인간의 때를 흙으로 빨래질 하는 자연의 힘을 노래하는

이 시인을 누가 자연에 은둔한다 말할 수 있겠는가. 늙고 병약해 세상을 떠남을 다만 관조한다 말할 수 있겠는가.

윤만영 시인은 시골 오지에 갇혀서 사는 것만도 아니다. 그는 먼 데에 도시가 있고 민속박물관이 있는 것도 안다.

고갯마루의 주막집이
도시로 이사 간 후부터
논두렁 밭두렁을 누비던 짚신은
민속박물관에 장식물이 된 지 오래고

바랑에 미투리 매달고 넘나들던
옛길도 간 데 없고
하늘길만 열렸구나

(「짚신생각」 전문)

풍속에서 사라진 물건이라 해도 그것이 영영 잊혀지는 것은 아니다. 한 켤레의 짚신이 도시의 민속박물관에 걸려 있다 해도 그것의 의미마저 사라지는 것은 아니다. 경상도 안동 도산서원의 이퇴계 선생은 전라도 관산(오늘의

광주)에 산 젊은 학자 기대승과 7년 간 철학을 대화하는 편지를 보내고 받았다. 기대승은 퇴계보다 20여 살 젊은 후진이었으나 퇴계는 자신과 동급의 학자로 대우했다. 그들이 주고받은 편지의 내용에는 사단칠정론四端七情論은 인간 존재의 근원이 무엇이며, 염치지심과 수오지심은 어떻게 지켜져야 한다는 것이었다.

그 옛날 조선에는 버스도 없고 우체부도 없었다. 다만 젊은 하인이 괴나리봇짐에 편지를 넣고 수백리 길을 걸어서 가고 와야 했다. 그 하인 청년이 신은 짚신은 중도에서 다 해어져 갈아 신고 걸어야 했다. 그 사림 철학을 전한 짚신의 문화사가 오늘 우리 민족의 품위를 드높여 평화의 역사 길을 세계에 열어주고 있다.

그리고 그 짚신 길은 오늘 없어졌고 '하늘길만 열렸구나'(「짚신생각」)에서 윤만영 시인이 생각하고 있다. 시골과 도회의 길이라든가 어제의 짚신 길과 오늘의 승용차 길만 있는 것이 아니고 영원으로 통하는 '하늘길'이 있는 것도 시인은 안다.

식물에게는 생혼生魂이 있고 동물에게는 각혼覺魂이 있다. 인간에게는 각혼과 함께 영혼靈魂도 있다. 인간만이 영혼을 가지고 있다. 아리스토텔레스의 3혼설이다. 그리고 종교에서 육신을 떠나더라도 인간의 영혼은 영원에 진입할 수 있다고 한다.

윤만영 시인은 시「세월 열차」에서 마지막 열차에 안내방송은 없지만 입고 있는 옷 한 벌 이상 아무것도 가지고 갈 것이 없다고 말한다. 시인은 영원에 대한 희망을 지니고 있다.

성당에 주일 미사 다녀왔다
긴 세월 냉담하다 고해성사 보고
다시 시작한 믿음의 길

믿음에 대해 아무것도 아는 게 없다
분명한 것은
그분은
집 나간 자식이 돌아올 것을 믿고
끝까지 기다리고 계신다는 것 뿐이다

(「내 이름은 알렉시오」 전문)

존재 근원과 영원에 대한 신뢰와 희망을 이 시인이 가

지고 있어 이만한 시들을 쓰게 되었다고 보게 된다.

대체로 원목 같은 작품들이지만, 껍질이 벗기고 톱질과 대패질이 가해진 후 못이 박히고 끝내 사그라지는 시들이 범람하는 오늘에 윤만영 시인의 시들은 오히려 편하고 넉넉한 본질에 접하게 된다.